Verleumdung durch die Hamburger Polizei

Verleumdung durch die Hamburger Polizei

Adolf-Nazi läßt grüßen!

DER POLIZEIPRÄSIDENT SCHWEIGT

*und Weiteres aus dem Leben von
Hubertus Scheurer*

Bibliografische Information der Deutschen Nationalbibliothek:
Die Deutsche Nationalbibliothek verzeichnet diese Publikation
in der Deutschen Nationalbibliografie; detaillierte bibliografische
Daten sind im Internet über http://dnb.dnb.de abrufbar.

Informationen zum Autor unter: www.hubertus-scheurer.de

© 2017 Hubertus Scheurer
Satz, Umschlaggestaltung, Herstellung und Verlag:
BoD – Books on Demand

ISBN: 978-3-7431-2611-4

Verleumdung durch die Polizei
Folgte auf den Lügenbrei,
Doch ihr werter Präsident
Hat in jedem Fall gepennt.

Inhaltsverzeichnis

Brief an Landeskriminalamt 15.09.16	9
Engelswesen	11
Am Kinderhort	12
Brief der Behörde für Inneres 16.9.16	13
Brief an Landeskriminalamt 9.10.16	14
Kripoleute	15
Eine wäscht die andere Hand	16
Brief Landeskriminalamt 19.10.16	18
Ottenstein	19
Die bürgernahe Polizei	21
Zum Polizeistaat	23
Ein feiner Staat	24
Dank der Polizei	26
Mit Versmaß auf die Barrikaden	28
Brief an den Polizeipräsidenten	29
Der Polizeipräsident	30
Zum Präserdent	30
Ottensteine – Rottenschweine	31
Brief vom Präses der Justizbehörde	32
Senator auf Goethes Spuren	33
Aus dem Buch »Bürger, wacht auf!«: Freiheit	34
Denunziant im tauben Land	35
Schnelle Brüter	37
Die Lügenpolizei	39

Bürger schröpfen!	41
Den Hintern schließen	42
Mein Kampf	43
Bis zum letzten Atemzug	44
Für die Freiheit	45
Bilder von Anette	46
Anettes Freitod	47
Anette	48
Denken sich schenken	49
In sich verweilen	49
Betreff Themen	50
Mein wahres Ich	50
Hirnblockade	50
Was soll's?	51
Gebraucht zu brauchen	51
Die dominanten F.A.-Tanten	51
Der Hammel	52
Die Alfred Kack-Geschichte	53
Lord Beefsteakack	54
Goethes Faust	54

Dipl.-Kfm. • H. Scheurer • Brehmweg 35 • 22527 Hamburg

Kommissariat 27
Koppelstr. 7

zur Weiterleitung an die Führung
des Landeskriminalamtes 133

Dipl.-Kfm. H. Scheurer
Rechtsbeistand
Grundstücksverwaltung

Brehmweg 35
22527 Hamburg
Tel.:   040 49 66 85

Hamburger Sparkasse
BLZ: 200 505 50
Konto: 1083 760 718

15.9.2016

Betr.: Zusammentreffen mit 2 Beamten vom LKA auf dem Fußweg
vor der Kita am Basselweg

Sehr geehrte Herren,

am 14.9.2016 wurde ich von zwei Ihrer Beamten angesprochen,
weil sich angeblich Eltern darüber beschwert haben sollen,
daß ich morgens bei meinem Spaziergang einige Minuten auf
dem öffentlichen Gehweg vor der Kita stehen bleibe, um den
Kindern beim Spielen zuzuschauen. (Sh. Gedicht " Am Kinderhort")
Ich halte dies für eine unwahre Behauptuug und würde gern
die Namen der Eltern erfahren, damit eine Kontaktaufnahme
zur Klärung dieser Angelegenheit ermöglicht wird.
Mir ist nur bekannt, daß zweimal auf der anderen Straßenseite
ein Autofahrer wild hupend anhielt und dann wie ein einfältiger
Ochse brüllend über die Straße lief, um sich bei den Kitamitar-
beiterinnen darüber zu beschweren, daß ich vor dem Zaun stand.
Ein Gespräch war mit diesem Mann, der offenbar einen Migrations-
hintergrund hat, nicht möglich.
Nachdem mich daraufhin die Kitaleitung in ungebührlicher Weise
ansprach, sollte m.E, überprüft werden, ob sie die Qualifikation
für diese Tätigkeit hat.
Sie erweckte in mir den Eindruck von gefühllosen Proleten,
deren emotionale Intelligenz weit niedriger zu sein scheint als
bei den kleinen betreuten Kindern, die mir zuwinkten und sich
freuten, wenn sie mich sahen.
Im übrigen hatte ich zu mehreren Mitarbeitern, die mich seit
Jahren kannten und die einige meiner Bücher erhalten haben
einen guten Kontakt.

- 2 -

Seite 2

Der Kriminalbeamte, Herr Ottenstein "befahl" mir, nachdem ich ihm meine persönlichen Daten mitgeteilt hatte, weiterzugehen, sodaß ich ihn darüber aufklären mußte, daß er keine Befehlsgewalt habe und mir nichts befehlen könne.
Vorher hatte er mir gesagt, daß ich die nächsten zehn Tage den Gehweg vor der Kita nicht betreten dürfe, da sonst, Adolf Nazi läßt grüßen, eine Festnahme und Unterbringung im Gefängnis erfolgen würde.
Mir scheint hier ein Nachholbedarf in der Ausbildung dieses Beamten erforderlich zu sein, damit solche Amtsentgleisungen unterbleiben.
Daß wir hier in einem freiheitlichen demokratischen Rechtsstaat leben, kann ich nach dem Verhalten der Hamburger Polizei nicht mehr erkennen, und ich denke, daß diese Frage im Bundesinnenministerium zu klären sein wird.
Ich füge vier Briefe von angesehenen Persönlichkeiten bei, die Ihnen vielleicht einen Eindruck über meine Person vermitteln können.

Mit freundlichem Gruß

Anlagen: Brief von Herrn Wolfgang Daschner
    Brief von Herrn Freiherr zu Guttenberg
    Brief von Dr. Guido Westerwelle
    Brief von Professor Dr. Michael Wolffsohn
    Gedicht "Engelswesen"
    Gedicht "Am Kinderhort"

Engelswesen

Daran kann ich mich erbauen,
Wenn sie lächelnd zu mir schauen,
Kleine Kinder voll Vertrauen,
Daran kann ich mich erbauen.

Wenn sie mit den Händchen winken,
Ihre Äuglein lustig blinken;
Schön ist es sie anzuschauen,
Daran kann ich mich erbauen.

Engelswesen, diesen kleinen,
Mög die Sonne immer scheinen,
Wenn sie langsam größer werden,
Suchen ihren Weg auf Erden.

Am Kinderhort

*Am Kinderhort komm ich vorbei,
Der Blick zum Spielplatz, er ist frei,
Und um den Kindern zuzusehen,
Bleib ich am Straßenrand jetzt stehen.*

*Für wenige Minuten bloß,
Es lohnt sich, denn hier ist was los;
Wie sie dort schaukeln und sich jagen,
Mitunter Purzelbäume schlagen;*

*Auf ihrem Kopf ein kleiner Hut,
Ein Mützchen, das steht ihnen gut;
Wie sie begeistert sind und lachen,
Mir damit eine Freude machen.*

*Setz ich dann fort den Morgengang,
Bewegt von ihrem Spiel noch lang,
Hoff, dass ich sie werd wiedersehen
Beim nächsten morgendlichen Gehen.*

FREIE UND HANSESTADT HAMBURG
BEHÖRDE FÜR INNERES
POLIZEI

Dienststelle	PK27	Datum	16.09.2016
Az.:	027/5K/0604344/2016	Telefon	+49 40 428 6-52710

HINWEISE für Betroffene eines Aufenthaltsverbots

Personalien des / der Betroffenen

Name	Scheurer
Vorname	Hubertus Karl Albin
Geburtsdatum / -ort	02.05.1942 / Hamburg
Straße / Hausnummer	Brehmweg 35
Plz / Ort	22527 Hamburg

Gegen Sie wurde gemäß § 12 b (2) des Gesetzes zum Schutz der öffentlichen Sicherheit und Ordnung (SOG) mündlich ein **Aufenthaltsverbot** für die Dauer von

__10__ Tage bis zum __24.09.2016, 12.00 Uhr__ verfügt.
                                      Datum, Uhrzeit

Ihnen wird damit untersagt, sich innerhalb des näher bezeichneten Gebietes bzw. an dem näher bezeichneten Ort (siehe im ausgehändigten markierten Stadtplan / sonstige Beschreibung des Gebietes / Ortes)
Das Aufenthaltsverbot gilt werktags, für die Dauer der Öffnungszeiten der Kita Jugendstraße 19. Es umfasst den gesamten, an das Gelände angrenzenden Gehweg, im Basselweg und in der Jugendstraße. Das Gelände der Einrichtung beginnt mit dem jeweils ersten Zaunpfosten im Basselweg, bzw. in der Jugendstraße.
für die oben bezeichnete Dauer aufzuhalten.

Das Aufenthaltsverbot wurde gegen Sie ausgesprochen, weil Tatsachen die Annahme rechtfertigen, dass Sie in dem vom Aufenthaltsverbot umfassten Gebiet eine Straftat begehen werden. Die Gründe für das Aufenthaltsverbot wurden Ihnen mündlich mitgeteilt.
Soweit im Einzelfall ein besonderes Bedürfnis zum Betreten des vom Aufenthaltsverbots umfassten Gebiets besteht, ist eine Ausnahme vom Verbot bei der oben bezeichneten Dienststelle zu beantragen.
Ein Widerspruch gegen das mündlich erteilte Aufenthaltsverbot hat gemäß § 80 (2) Nr. 2 Verwaltungsgerichtsordnung (VwGO) keine aufschiebende Wirkung. Das Verwaltungsgericht Hamburg, Lübeckertordamm 4, 20099 Hamburg kann gemäß § 80 (5) VwGO auf Antrag die aufschiebende Wirkung ganz oder teilweise anordnen.
Bei Verstößen gegen das polizeiliche Aufenthaltsverbot kann die Verlassenspflicht mit unmittelbarem Zwang durchgesetzt werden.
Werden Sie in /an dem vom Aufenthaltsverbot betroffenen Gebiet / Ort erneut angetroffen, können Sie gemäß § 13 (1) Nr. 4 SOG für die Dauer von bis zu zehn Tagen in polizeilichen Gewahrsam genommen werden. Ferner kann die Verlängerung des Aufenthaltsverbots verfügt und ein Zwangsgeld festgesetzt werden.

Christinger, PP004093
Name, Unterschrift des / der Bediensteten

Dipl.-Kfm. • H. Scheurer • Brehmweg 35 • 22527 Hamburg

Dipl.-Kfm. H. Scheurer
Rechtsbeistand
Grundstücksverwaltung

Brehmweg 35
22527 Hamburg
Tel.:   040 49 66 85

Kommissariat 27
Koppelstr. 7

Hamburger Sparkasse
BLZ: 200 505 50
Konto: 1083 760 718

zur Weiterleitung an die Führung
des Landeskriminalamtes 133

9.10.2016

Betr.:   Az. 027/5k/0604 344/2016
         Aufenthaltsverbot

Den obigen Vorgang habe ich in meinem engeren Bekanntenkreis
bekannt gemacht, und das erteilte Verbot hat dort Entsetzen
hervorgerufen.

Da ich mich intensiv für Recht und Ordnung einsetze und der
Ansicht bin, daß es gilt den Anfängen zu wehren, behalte ich
mir vor, die Angelegenheit allgemein bekannt zu machen.

Dazu die beigefügten Verse "Kripoleute" und "Eine wäscht die
andre Hand".

Kripoleute

*Sie solln sich entgegenstellen
Hier im Land den Kriminellen,
Dafür hat man bei uns heute
Eingesetzt die Kripoleute,*

*Die in Deutschlands Nazi-Jahren
Selber Kriminelle waren,**
*Und man sollt, statt blind vertrauen,
Ihnen auf die Finger schauen.*

*Ich zumindest traf Gestalten
Von der Kripo, ihr Verhalten
Kriminell, kaum übertrieben,
Deshalb hab ich dies geschrieben.*

*) Sh.: „Eine wäscht die andre Hand'"
in : Deutsche Richter von
damals bis heute*

Eine wäscht die andere Hand

Hamburgs ‚Landespohzei,
Kann man lesen, war so frei,
Drang zu viert gleich, nicht grad fein,
Bei mir in die Wohnung ein, [1]

So als ob ich ohne ‚Ehr
Gar ein Schwerverbrecher wär;
Die vergangne Nazi-Zeit
Schien zurück mir nicht sehr weit.

Damals war die Polizei
Gleich mit Massenmord dabei, [2]
Doch sensibel wurd sie nicht,
Jedenfalls aus meiner Sicht.

Steht stramm vor dem Denunziant,
Wenn er Einfluß hat im Land;
Ich denk ein Regierungsrat
Hat wohl solchen in der Tat.

Es ist polizeibekannt,
Eine wäscht die andre Hand
So ging's auch der Mörderbrut
Dann im Rechtsstaat wieder gut. [3]

Hamburgs Landespolizei
Tischte auf mir Lügenbrei, ⁴⁾
Schaun wir ob ihr Präsident
Sich zur Wahrheit nun bekennt.

¹⁾ *Sh.: »Nur noch für Dich«, Band II,*
Denunziant im tauben Land
²⁾ *Sh.: »Frankfurter Allgemeine« v. 22.9.07:*
Das BKA deckt seine düstere Vergangenheit auf
³⁾ *Sh.: »Frankfurter Allgemeine« v. 22.9.07:*
Nach dem Vorbild des Reichskriminalamtes
⁴⁾ *Sh.: »Nur noch für Dich«, ,Band II, Schnelle Brüter*

Dipl.-Kfm. • H. Scheurer • Brehmweg 35 • 22527 Hamburg

Kommissariat 27
Koppelstr. 7

zur Weiterleitung an die Führung
des Landeskriminalamtes 133

Dipl.-Kfm. H. Scheurer
Rechtsbeistand
Grundstücksverwaltung

Brehmweg 35
22527 Hamburg
Tel.:   040 49 66 85

Hamburger Sparkasse
BLZ: 200 505 50
Konto: 1083 760 718

19.10.2016

Betr.: Annahme der Begehung einer Straftat
Schreiben der Behörde für Inneres vom 16.9.2016
Az.: 027/5K/0604344/2016

Tatsachen führen zu dem Schluß, daß die Hamburger Polizei ein gefährliches Ausmaß von Willkür und geistiger Verödung erreicht hat.
Die Benennung der Tatsachen, die die Annahme rechtfertigen, daß ich eine Straftat begehen werde, stehen noch aus.
Was Tatsachen sind, können Sie dem Bedeutungswörterbuch des Duden entnehmen.

Anlagen: Ottenstein
Die bürgernahe Polizei
Zum Polizeistaat
Ein feiner Staat
Mit Versmaß auf die Barrikaden

Ottenstein

Ottenstein, ein Polizist,
Überheblich wie er ist,
Meinte, ich will's nicht verhehlen,
Daß er könnte mir befehlen;

Dies auf öffentlichem Ort
Morgens vor dem Kinderhort*
Hier nicht mehr entlang zu gehen,
Weil Gefahr würde bestehen,

Daß mit mir ging sonst einer
Eine Tat die strafbar wär;
Dafür gäbe es Tatsachen,
Die genau das glaubhaft machen.

Leider gab die nicht bekannt
Weder er noch auch sein Amt,
Obwohl, wie ein Nazi-Bote,
Man Gefängnis mir androhte.

So ist Hamburgs Polizei,
Unrecht tun, das steht ihr frei,
Und beim morgendlichen Gehen
Möcht ich Ottenstein nicht sehen.

*Lieber als der Ottenstein
Ist mir da ein wildes Schwein,
Wird es frech, darf ungebeten
Ich ihm in den Hintern treten.*

* *Sh. : »Am Kinderhort« im Buch
»Zur Lebensbegleitung«*

Die bürgernahe Polizei

Als bei uns in Intervallen
Frauen wurden überfallen[1)]
Hab ich abends patrouilliert,
Damit das nicht mehr passiert.

Übernahm, ich war so frei,
Aufgaben der Polizei;
Die hat Besseres zu tun,
Muß um diese Zeit längst ruhn.

Früh am Morgen, auf der Tour,
Wenn ich dann zur Arbeit fuhr,
War sie auf den Nebenwegen
Allerdings bereits zugegen.

Schrieb und schrieb Falschparker auf,
Denn die gab es dort zuhauf;
Überflüssig, doch in Masse,
Machte sie so reichlich Kasse.

In dem Hauptverkehr der Stau
Interessierte keine Sau,
So wie Raub und Überfall,
Da schlief sie, war nicht am Ball;

Faselt, sie sei bürgernah,
Braucht man sie, ist sie nicht da,
Und statt dankbar mir zu sein,
Pißt sie mir auch noch ans Bein. [2]

1) Sh.: »Bürger wacht auf!« Seite 13
2) Sh.: »Bürger wacht auf!«

Zum Polizeistaat

Längst sind gegangen wir den Pfad
Vom Rechts- zum Paragraphenstaat,
Wo Richter auf den Paragraphen
Sich ausruhn, Wahrheit Lügen strafen.

Der nächste Schritt scheint mir nicht weit;
Wir nähern uns vergangner Zeit,
Wo gänzlich man das Recht entkleidet
Und gleich die Polizei entscheidet.

In meinem Fall, so ihre Sicht,
Ist überflüssig das Gericht;
Es nützt nichts, wenn ich mich beschwere,
Weil ihr Entscheid endgültig wäre.

Was sie vollbracht hat, das macht Sinn,
So geht's zum Polizeistaat hin;
Das Grundgesetz, die Menschenwürde,
Für Polizisten keine Hürde.

Ein feiner Staat

Recht und Freiheit sollt ich schützen;
Dafür zog man mich einst ein,
Um dem deutschen Volk zu nützen,
Mußt ich gut gerüstet sein.

Lernt' den Wurf mit Handgranaten,
Schoß mit dem Maschin'gewehr,
Panzerfaust, schlug mit dem Spaten,
Unsrem Vaterland zur Ehr.

Weil ich mich so gut bewährte,
Ging ich ab als Offizier,
Der den Waffenumgang lehrte,
Und man gratulierte mir.

Heute nun ist das vergessen,
Man zog die Pistole ein,
Die zum Selbstschutz ich besessen,
Dies würd zu gefährlich sein.

Es war eine Schreckschußwaffe,
Die durch ihren lauten Knall,
Das begreift wohl selbst ein Laffe,
Schützen sollt vor Überfall.

Für die Polizei hingegen
War das gar nicht zu verstehn,
Sah, tat schriftlich dies belegen,
Nun von mir Gefahr ausgehn.

Ging's um Raub und Überfälle,
Und die gab es hier zuhauf,
War sie aber nie zur Stelle,
Nahm ein Protokoll nur auf.

Recht und Freiheit mein Bestreben,
Setzte ein mich in der Tat;
Jetzt könnt ich mich übergeben,
Schau ich diesen feinen Staat.

Dank der Polizei

Unsre werte Polizei,
In der Tat der letzte Schrei,
Und im folgenden berichten
Wir alltägliche Geschichten.

Scheibenbruch, Häuser beschmiert,
Telefonisch registriert,
Diebstahl, bei den kleinen Sachen
Kann man ohnehin nichts machen.

Ist das ganze Auto weg,
Kriegen Sie bloß keinen Schreck;
Kauft man sich ein neues eben,
Hilft die Konjunktur beleben.

Nein, wir kommen nicht vorbei,
Es gibt doch nur Schreiberei,
Bevor Sie das neue kaufen,
Sollten Sie auch ruhig mal laufen.

Abends auf der Straße dann,
Hinterrücks, es war ein Mann,
Eine Frau beraubt, geschlagen,
Blut, es drehte sich der Magen.

Stellungnahme vom Revier,
Das passierte öfters hier,
Wer wird auch, statt fernzusehen,
Abends auf die Straße gehen.

Trotzdem sage ich, nur Mut,
Denn die Polizei ist gut;
Heute, schon am frühen Morgen,
Machte sie sich große Sorgen,

Folgte mir mit blauem Licht,
Denn die Sicherheit ist Pflicht,
Mit dem Gurt mich anzuschnallen,
Will mir nicht so recht gefallen.

Und die ganze Prozedur
Kostet dreißig Euro nur;
Da gibt's wirklich nichts zu klagen,
Und ich kann nur danke sagen.

Veröffentlicht am 26.05.11 14:07   PM-2011-21-Scheurer   mit Hubertus-Scheurer

Mit Versmaß auf die Barrikaden

Für das Leben, gegen Fremdbestimmung: Hubertus Scheurer schreibt mit Gedichten gegen Schicksalsschläge und ein selbstherrliches, unlauteres Establishment in der Gesellschaft und Obrigkeit an.

Liebe, Einsamkeit, Abschied, Widerstand gegen Willkür und Unterdrückung. Hubertus Scheurer kennt sie, die großen Gefühle jenseits des Alltags, und er bringt sie in seinen Büchern zum Ausdruck. Seine Erfahrung: Das Leben selbst. Die emotionale Kraft seiner Bücher begründet sich in dem Verlust seiner geliebten Frau. Aber auch seinen politischen Verdruss, Querelen und Widerstände thematisiert der Autor in seinen Bänden.

www.Hubertus-Scheurer.de

Grundlegend: Viel Wortwitz

Sich wehren, das ist ein zentraler Aspekt in Scheurers Arbeiten. „Ich finde wesentliche Bereiche unserer Gesellschaft sehr bedenklich", sagt der Autor. Seine Protestform: Liedtexte und Gedichte. Wohl überlegte Pointen und Witz sind Zutaten, auf die Scheurer dabei nicht verzichten will: „Ich gestalte meine Gedichte realitätsnah", führt Scheurer aus. Seiner Erfahrung nach der beste Umgang mit schweren Schicksalsschlägen und einschneidenden Erlebnissen.

Anregen zum Nachdenken

Aber auch beißender Spott und gnadenloses Anprangern von Missständen kommen gerade in seinen politischen Gedichten groß raus. Der Dichter nimmt kein Blatt vor den Mund und deckt große Gefühle auf, er schreibt dagegen an, dass Grundlegendes unter den Tisch gekehrt wird. Was er mit seinen Büchern bezweckt? „Meine Leser sollen meine Gedichte gerne lesen, sie sollen halt machen und sich Zeit um Nachdenken nehmen", sagt Scheurer.

Von der persönlichen Betroffenheit zum Allgemeingut

Wenn die Leser sich ein Stück weit in seinen Werken selbst entdecken, gibt das dem Autor Zuversicht. Zwar habe jeder seine eigenen Erfahrungswerte, einen individuellen Geschmack und persönliche Sichtweisen. Aber der Stoff, aus dem Scheurers Bücher sind, besteht eben nicht nur aus den großen Gefühlen jenseits des Alltags, sondern auch aus der Befürchtung, dass, wenn sich keine Persönlichkeiten entwickeln, unsere Freiheit wieder verloren geht. Und davon ist jeder Freiheitsliebende betroffen.

Die aktuellen Werke des Autors Hubertus Scheurer aus den Kategorien Liebeslyrik und politische Gedichte sind „Du lebst in mir", „Armes Deutschland" und „Schlaf, Bürger, schlaf".

Für Rückfragen und weitere Informationen wenden Sie sich bitte an:

Ansprechpartner: Pressestall.com Andreas Herrmann
E-Mail: info@pressestall.com
Tel.: 040 4929 3366
Mehr Informationen: www.hubertus-scheurer.de

Dipl.-Kfm. • H. Scheurer • Brehmweg 35 • 22527 Hamburg

Polizeipräsidium Hamburg
Bruno-Georges-Platz 1

22297 Hamburg

Dipl.-Kfm. H. Scheurer
Rechtsbeistand
Grundstücksverwaltung

Brehmweg 35
22527 Hamburg
Tel.:   040 49 66 85

Hamburger Sparkasse
BLZ: 200 505 50
Konto: 1083 760 718

2.1.2017

Sehr geehrter Herr Präsident,

das Landeskriminalamt hat es bisher nicht für nötig befunden, auf meine beigefügten Schreiben einzugehen.
Es wurde behauptet, daß Tatsachen bestehen, die die Annahme rechtfertigen, daß ich eine Straftat begehen würde.
Ich sehe hierin eine unerhörte Verleumdung meiner Person und bitte um Aufklärung.

Andernfalls behalte ich mir vor, mich an das Innenministerium zu wenden und die Angelegenheit in ganz Deutschland öffentlich bekannt zu machen.

Mit freundlichem Gruß

Der Polizeipräsident

Der sehr geehrte Präsident
Hat den Vorgang er verpennt
Oder was ist sonst der Grund,
Weshalb hielt er seinen Mund?

Zwölf Wochen hatte er jetzt Zeit,
Nichts geschah, es ist soweit,
Mit dem Buch findet der Fall
Hoffentlich nun Widerhall.

Zum Präserdent

Ein Präsident, der sollte denken,
Seine Mitarbeiter lenken,
Ihnen auf die Finger schauen
Und nicht einfach blind vertrauen.

Dies gilt, wenn mit Macht versehen,
Sie für Ordnung solln einstehen
Und leider auch, von Macht besessen,
Diese, ihre Pflicht vergessen.

Ein Präsident, der das verkennt,
Mutiert schnell zum Präserdent,
Der korrektes Tun verhütet,
Wenn der Ordnungshüter wütet.

Ottensteine – Rottenschweine

Es mag sein, daß Ottenstein
Ist ein echtes Rottenschwein;
Ich weiß es nicht, ich kenn auch nicht
Hier die Ansicht vom Gericht;

Doch der Staat, er tut das Seine,
Läßt gewährn die Ottensteine,
Die in ihren Amtsbereichen
Drangsalieren, Geld einstreichen

Und wie Ottenstein beweist
Ohne Folgen schwer entgleist;
Ottenstein tritt Recht mit Füßen,
Adolf-Nazi er läßt grüßen.

Freie und Hansestadt Hamburg
Der Präses der Justizbehörde

Herrn
Dipl.-Kfm. H. Scheurer
Papyrusweg 17
22117 Hamburg

8. Februar 2006

Sehr geehrter Herr Scheurer,

vielen Dank für Ihren aufmunternden Brief und für Ihre kreativen Zeilen, die mich schmunzeln ließen.

Trotz der zum Teil heftigen Reaktionen werde ich im Rahmen meiner Möglichkeiten weiterhin für die notwendigen gesetzlichen Änderungen werben. Schon Goethe wusste:

„Auch aus Steinen, die einem in den Weg gelegt werden, kann man Schönes bauen".

Mit freundlichen Grüßen

Dr. Roger Kusch

Drehbahn 36, 20354 Hamburg · Tel. (040) 42843-1600 Fax -3572 · roger.kusch@justiz.hamburg.de

Senator auf Goethes Spuren

Steine in den Weg gelegt,
Haben Menschen angeregt,
Daraus etwas aufzubauen,
Das wir voll Bewundrung schauen.

Goethe ist dafür bekannt,
Baute kunstvoll mit Verstand
Aus dem, was im Weg gelegen,
Werke, die bis heut bewegen.

Hätte sicher sich gefreut
Über den, der sich nicht scheut,
Gleichsam durch entschlossnes Handeln
Auf des Meisters Spurn zu wandeln.

Der im Blick die Ordnung fest,
Sich von niemand beugen läßt,
Sich nicht freihält seinen Rücken,
Feige, durch Erinnrungslücken.

Ein Senator, das ist neu,
Blieb in diesem Sinn sich treu,
Will den Weg von Steinen räumen,
Läßt Steinleger vor Wut schäumen.

HH - POLIZEI
tief verstrickt im Lügenbrei

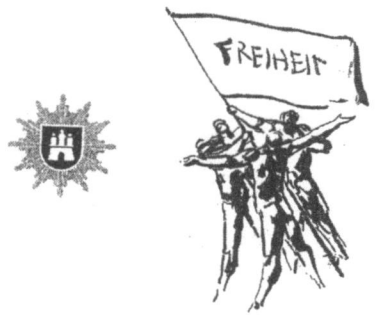

Freiheit

Freiheit unser höchstes Gut,
Wieder mal ein alter Hut
Für die Landespolizei,
Tief verstrickt im Lügenbrei.

Wahrheit interessiert sie nicht,
So erlischt der Freiheit Licht
Und damit zugleich der Frieden,
Der in Freiheit uns beschieden.

Dem gilt es sich zu erwehren,
Deshalb schreib ich ihr zu Ehren;
Nur durch Wachsamkeit und Mut
Schützen wir das höchste Gut.

Denunziant im tauben Land

Liebe Leute, hört mal her,
Ich schoß mit dem .Luftgewehr,
Dieses Mal nun nicht auf Scheiben,
Nein, um Tauben zu vertreiben,

Die im Garten, wie ich fand,
Nahmen reichlich überhand;
Wären als Bazillenträger
Eigentlich was für die Jänger

Doch die kommen erst ins Spiel
Wenn's Kind in den Brunnen fiel;
So lang wollte ich nicht warten,
Denn ich denk, im eignen Garten

Trag ich, kann es anders sein,
Die Verantwortung allein.
Nun, Sie werden es gleich sehen,
Daß die Uhren rückwärts gehen;

So wie damals hier im Land,
Ist auch heut ein Denunziant
Bei der Polizei erschienen,
Um sich dieser anzudienen;

Und die kam sofort vorbei.
Vier Beamte warn so frei,
In die Wohnung einzudringen,
Schließlich sollte es gelingen,

Hier zu führn den Schuldbeweis,
Solang wär die Spur noch heiß.
Vier gleich gaben so die Ehre
Mir und meinem Luftgewehre,

Schrieben auf und zogen ab
Mit dem Hinweis, kurz und knapp,
Daß die Tat an dieser Stätte
Sicher noch ein Nachspiel hätte.

Ja, so ist das hier im Staat,
Waffen trägt man als Soldat,
Muß damit auf Menschen schießen,
Wenn die Kriegsherrn dies beschließen.

Dafür zog man mich einst ein,
Sollte gut gerüstet sein;
Menschen darf ich gern entleiben,
Tauben aber nicht vertreiben.

Schnelle Brüter

Ja, die Landespolizei
Tischte auf mir Lügenbrei,
Hat, wie's hier im Land so geht,
Wieder Tatsachen verdreht.

Schrieb, ich könnt mit Luftgewehren
Nicht verantwortlich verkehren,
Dazu wär ich, ohne Frage,
Wie es heißt, nicht in der Lage.

Das nun ausgerechnet mir,
Dem Reserveoffizier,
Der, ich glaub, mich tritt ein Pferd,
Waffenumgang hat gelehrt.

Würd ich trotzdem dabei bleiben,
Damit Tauben zu vertreiben,
Käm ich, das wär schon recht bitter,
Bis drei Jahre hinter Gitter

Ich frag, zeigt nicht dieser Staat
Sich erkenntlich in der Tat?
Doch auch früher hieß es schon;
Undank ist der Welten Lohn.

Wie in Deutschlands dunklen Jahren
Scheint mir, was mir widerfahren,
Und ich denk, man sollt beizeiten
Das Bewußtsein dafür weiten.

Damals kam man, gar nicht nett,
Allerdings gleich ins KZ;
Häufig wurde dann der Fall
Endgelöst mit einem Knall.

Heut ersetzt man Ordnungshüter
Öfter mal durch schnelle Brüter,
Die nicht Recht und Ordnung pflegen,
Sondern faule Eier legen.

Die Lügenpolizei

*Wenn ich spräche von den Lügen
Unsrer werten Polizei,
Müßte ich, so tat man rügen,
Sagen, was hier Sache sei.*

*Also gut, ich werd berichten
Von den Lügen eins bis drei,
Ohne was hinzuzudichten,
Entsteht so der Lügenbrei.*

*Lüge eins, die Denunzianten
Hätten ein Gespräch geführt,
Weil sie die Gefahr erkannten,
Doch ich hätte nichts kapiert.*

*Nein, so ist das nicht gewesen
Ein Gespräch das gab es nie,
Eine der verlognen Thesen,
Polizei hat Phantasie.*

*Zweitens, ich hätt vorgelesen
Ein Gedicht der Polizei,
Ich wollt, es wär so gewesen,
Doch auch dies erfand sie frei.*

Tat sich selber widerlegen
Mit der Lüge Nummer drei
Daß vom Abschuß, na von wegen,
Im Gedicht die Rede sei.*

Nun, ich denk, das sollt genügen,
Heißt es doch, dem glaubt man nicht,
Wer einmal lügt, hier warn's drei Lügen,
Selbst wenn er dann die Wahrheit spricht.

* *Sh.: »Denunziant im tauben Land«*

Bürger schröpfen!

*Polizei schien hilfsbereit,
Mir, in meiner Jugendzeit,
Und ich konnte mit Vertrauen
Auf die Polizisten schauen.*

*Damit ist es nun vorbei,
Wer vertraut der Polizei?
Wenn wir Leute heut befragen,
Spürn sie eher Unbehagen.*

*Lieber, gibt man zu verstehen,
Will man sie von hinten sehen,
Denn ist wirklich Not am Mann,
Kommt's auf einen selber an.*

*Kein Beamter weit und breit,
Schließlich braucht er seine Zeit,
Sonst kriegt er das Tagessoll
Für das Abkassiern nicht voll.*

*Freund und Helfer, welch ein Denken,
Antiquiert, kann man sich schenken;
Schiefohrn mit den hohlen Köpfen
Sind gefragt, die Bürger schröpfen.*

Den Hintern schließen

Die Polizei kam raus ganz groß,
Mein Luftgewehr, das bin ich los;
Doch damit warn wir noch nicht quitt,
Sie nahm auch die Pistole mit;

Zugleich die Schreckschußmunition,
Denn ohne sie gibt's keinen Ton;
Dazu dann noch für's Luftgewehr,
Die Eierbecher, bitte sehr.

Warum? Na klar, bei meinen Nerven
Könnt ich damit auf Tauben werfen,
Und das wär diesen lieben, guten,
Natürlich gar nicht zuzumuten.

Fehlt, daß sie mir den Hintern schließen,
Dies würd mich allerdings verdrießen,
Weil Tauben auch bei strengen Düften,
Das Weite suchen in den Lüften.

Mein Kampf

Er hat seinen Kampf verloren,
Der Gewaltherrschaft verschworen,
Der Tyrann im deutschen Land,
Adolf Hitler, weltbekannt.

Ließ Millionen Menschen morden
Von den treu ergebnen Horden,
Bleibt für jeden eine Schand,
Der ihm nah steht oder stand.

Meinen Kampf, den führ ich leise,
Ganz allein, auf meine Weise,
Fern von jeglicher Gewalt,
Läßt die Menschen aber kalt.

Doch ich werd ihn nicht verlieren,
Mag die Staatsmacht auch marschieren
Gegen mich; für meine Ehr
Fällt kein Opfer mir zu schwer.

Bis zum letzten Atemzug

Wenn es geht um meine Ehre,
Kämpf ich gegen Lug und Trug,
Gleich, wer sich stellt in die Quere
Bis zum letzten Atemzug.

Das gilt auch für unsren Staat,
Wenn von Mächtigen gelenkt,
Er verläßt den Tugendpfad,
Sich auf deren Wohl beschränkt.

Für die Freiheit

Freiheit läßt sich nur bewahren,
Wenn das Volk dahinter steht,
Im Bewußtsein der Gefahren,
Wachsam in die Zukunft geht.

Heißt moralisch auszurichten
Schon die Jugend mit dem Mut,
Sich der Freiheit zu verpflichten
Als der Menschheit höchstes Gut.

Um den Einzelnen zu achten,
Würde, den aufrechten Gang,
Unterdrücker zu entmachten,
Gilt der Kampf ein Leben lang.

Unsren Eigenwert bezeugen,
Mit dem Blick zum Guten hin,
Sich dem Unrecht nicht zu beugen,
Gibt dem Leben seinen Sinn.

Anettes Freitod

*Sie verlor den Lebensgrund
Als Wilma, ihr geliebter Hund,
Mußt dem Tode sich ergeben,
Nahm Anette sich das Leben.*

*Freunde, die sie hat verlassen,
Können den Verlust nicht fassen;
Anette hat dies nicht erkannt
Von der Verzweiflung übermannt.*

*Den Freunden bleibt nur noch die Trauer
Im Flusse tränenreicher Schauer,
Doch sie wird nie vergessen sein
Als liebenswerter Sonnenschein.*

*Anette starb am 20. Dezember 2016
im Alter von 51 Jahren*

Anette

Anette, ein paar schöne Stunden
Hättest Du mir noch beschert,
Hast den Weg zu mir gefunden,
Was jetzt kam, es ist verkehrt.

Du bist tot, und ich schleich weiter
Mühsam auf dem Erdenrund,
Wo Du fehlst mir als Begleiter
Bis zu meiner letzten Stund.

Denken sich schenken

Wenn ich seh, was .Leute lesen
In dem Bilderzeitungswesen,
Ist es wohl kein schlechtes Zeichen,
Daß ich sie kann nicht erreichen

Mit den Versen und Gedichten,
Die an den Verstand sich richten,
Wenn sie meinen, eignes Denken
Strengt nur an, kann man sich schenken.

In sich verweilen

Ich leb in mir, in meiner Haut
Und fühl mich darin sehr vertraut,
Deshalb werd ich es mir ersparen,
Noch einmal aus der Haut zu fahren.

Was betrifft die Außenwelt,
Die sich mir entgegenstellt,
Sie kann mir gestohlen bleiben
Und wird mich nicht einverleiben.

Betreff Themen

Warum sollte ich mich grämen,
Weil mir fehlen jetzt die Themen,
Alles was mir wichtig war,
Legte ich ja bereits dar.

Doch es steht nicht still das Leben,
Es wird Neuigkeiten geben,
Die mein Denken, mit Bedacht,
Wiederum zum Thema macht.

Mein wahres Ich

Was Du siehst, ist meine Hülle,
Jedoch nicht mein wahres Ich,
Das in der Gedankenfülle
Meines Willens spiegelt sich.

Hirnblockade

Mag er schreiben, mag er singen
Doch es wird ihm nicht gelingen
In ihr Hirnteil einzudringen,
Wenn die Presse den Verstand
Hat blockiert wie eine Wand.

Was soll's?

Die Frage aller Fragen,
Was soll's? Ich kann nur sagen,
Meine Antwort kann nicht binden,
Jeder muß sie selber finden.

Gebraucht zu brauchen

Wer brauchen ohne zu gebraucht,
Braucht brauchen nicht zu brauchen,
Und wer den Verstand gebraucht,
Der hält nichts vom Rauchen.

Die dominanten F.A.-Tanten

Mich überkommt ein kaltes Grauen
Denk ich an die Finanzamtfrauen,
Die im Machtrausch wie Dumpfbacken
Auf des Bürgers Nerv rumhacken.

Diesen dominanten Tanten
Sollt abhobeln man die Kanten,
Damit sie sich integrieren
Und nicht weiter schikanieren.

Der Hammel

Seine Leute haben Bammel,
Im Hotel, vor dem Streithammel,
Denn mit seinen Hammelbeinen
Tritt Block gerne auf die Kleinen.

Doch er hat auch schon den Großen
Mächtig vor den Kopf gestoßen,
Diesen Leithammel stört jede,
Wirklich jede Widerrede.

So ist nun der Wunsch gediehen,
Ihm die Beine lang zu ziehen,
Und ich ließ mir nicht versagen,
Meinen Teil mit beizutragen.

Die Alfred Kack-Geschichte

Deutsche Richter, sehr devot,
Sprachen aus kein Kack-Verbot,
Obwohl von Gefahr bedroht,
Wenn sie Eugen Block dem· Siechen,
Rechtsblind in den Hintern kriechen.

Da es geht um Eugens Größe
Zeigen Richter gern mal Blöße,
Und der Kleingeist der Gerichte
Erscheint dadurch nun im Lichte
Meiner Alfred Kack-Geschichte.

Lord Beefsteakack

In dem Blockhaus den Geschmack
Kreierte ganz allein Lord Kack
Nachdem er das Beefsteak fand
Als begehrt im ganzen Land.

Wenn das Beefsteak von dem Rind
Ich mit dem Lord Kack verbind
Entsteht dadurch die famose
Beefsteakacklordsymbiose.

Goethes Faust

Goethes Faust schlug, das macht Sinn,
Eugen kräftig an das Kinn,.
Indem er Eugen, der falsch tickte,
Deshalb den Mephisto schickte.

Der ist nun bei ihm geblieben
Und der heilge Geist vertrieben,
Der ihn wirklich streifte nie,
Höchstens in der Phantasie.